PAIDEIA
ÉDUCATION

MIXTE
Papier issu de sources responsables
Paper from responsible sources
FSC® C105338

GUY DE MAUPASSANT

Aux champs

Analyse littéraire

© Paideia éducation.

1 rue Honoré - 93500 Pantin.

ISBN 978-2-7593-1608-3

Dépôt légal : Janvier 2023

Impression Books on Demand GmbH

In de Tarpen 42

22848 Norderstedt, Allemagne

SOMMAIRE

- Biographie de Guy de Maupassant.............................. 9

- Présentation de *Aux champs*..................................... 15

- Résumé de la nouvelle... 19

- Les raisons du succès.. 23

- Les thèmes principaux.. 27

- Étude du mouvement littéraire.................................. 33

- Dans la même collection... 37

BIOGRAPHIE DE
GUY DE MAUPASSANT

Henry-René-Albert-Guy de Maupassant, dit Guy de Maupassant, est né le 5 août 1850 au château de Miromesnil à Tourville-sur-Arques. Son père, Gustave de Maupassant, est un agent de change anobli originaire de Lorraine. Laure Le Poittevin, sa mère, est originaire de la bonne bourgeoisie. Passionnée de littérature, elle est l'amie d'enfance de Gustave Flaubert qui jouera un grand rôle dans la carrière littéraire de son fils.

En 1854, la famille déménage près du Havre, dans le château Blanc de Grainville-Ymauville. Deux ans plus tard nait Hervé, le frère cadet de Guy. En 1859, les Maupassant déménagent à nouveau, à Paris cette fois, où Gustave a trouvé un emploi à la banque Stolz.

Études

Guy de Maupassant commence est d'abord scolarisé au lycée impérial Napoléon à Paris. Mais, en 1860, ses parents se séparent et Guy part s'installer avec sa mère et son frère à Etretat. Là-bas, il côtoie la mer et la campagne et apprend le patois auprès des paysans locaux. Il entre dans un premier temps au collège religieux d'Yvetot, selon le souhait de sa mère. Hostile à la religion, il finit par être renvoyé et poursuit sa scolarité au lycée de Rouen où il s'adonne à la poésie et au théâtre. Après l'obtention de son baccalauréat des lettres en 1869, il part à Paris étudier le droit, suivant les conseils de sa mère et de Flaubert. La guerre franco-prussienne le contraindra cependant à interrompre son cursus.

Entrée en littérature

Après la guerre, Guy de Maupassant s'installe définitivement à Paris où il sera commis au ministère de la Marine puis au ministère de l'Instruction publique jusqu'en 1882. Dans le même temps, il s'adonne tous les soirs à un travail d'écriture acharné. Son premier conte, *La Main d'écorché*, est publié en 1875 sous le pseudonyme Joseph Prunier. Son ami et mentor Gustave Flaubert lui permet de rencontrer de nombreux auteurs de son temps comme Tourgueniev, les frères Goncourt, Huysmans ou encore Emile Zola. C'est d'ailleurs dans le cadre d'un recueil collectif organisé par ce dernier avec des écrivains naturalistes que Maupassant publie sa première nouvelle en 1880 : *Boule de Suif* est un succès immédiat.

Maladie et succès

À la fin des années 1870, Guy de Maupassant apprend une terrible nouvelle : il est atteint de la syphilis. Cette maladie sera à l'origine de divers troubles mentaux, mais aussi d'une sorte de folie créatrice qui le pousse à écrire massivement. La mort de Gustave Flaubert en 1880 ne fait qu'accentuer son besoin d'écrire : il publie six romans, quelques récits de voyage et plusieurs centaines de nouvelles dans la décennie suivant le décès de son mentor. Ainsi, en 1881, il publie *La Maison Tellier*, son premier recueil de nouvelles, et son premier roman, *Une vie* paraît en 1883 ; vingt-cinq mille exemplaires tirés sont vendus en moins d'un an. Maupassant termine la rédaction de *Bel-Ami*, son deuxième roman, en 1884 et rédige son roman connu comme le plus abouti, *Pierre et Jean*, entre 1887 et 1888. Son abondante création et son sens des affaires contribuent alors à sa richesse.

Une fin tragique

En 1890 et 1891, Maupassant entame la rédaction de deux romans qu'il laissera inachevés. À la veille de l'année

1892, l'écrivain se sent à l'agonie. Quelques jours plus tard, il tente de mettre fin à ses jours. Il est interné le 8 janvier à Paris dans le service du docteur Blanche. Il décède finalement là-bas le 6 juillet 1893 d'une paralysie générale, après presque un an et demi de totale inconscience. Il est enterré à Paris, au cimetière Montparnasse où Émile Zola prononce son oraison funèbre.

PRÉSENTATION DE
AUX CHAMPS

Aux champs fut initialement publié dans la revue *Le Gaulois* le 31 octobre 1882. À l'époque, le journal, qui fusionnera en 1929 avec *Le Figaro*, était tiré quotidiennement à environ 15 000 exemplaires. L'année suivante, Guy de Maupassant publie la nouvelle dans un recueil intitulé *Les Contes de la Bécasse*. Ce recueil connaît un premier tirage à 2 000 exemplaires. Il s'en écoule au total 4 000 entre mars 1883 et février 1884.

Les actions narrées dans *Aux champs* se déroulent en Normandie, dans le pays de Caux. Dans cette nouvelle réaliste dédiée à Octave Mirabeau, Maupassant s'attache à décrire le plus fidèlement possible la classe paysanne de son époque. Le récit met en scène ce monde normand campagnard que l'auteur a connu durant son enfance. Il y aborde notamment les thèmes de la pauvreté, de l'adoption, de la jalousie et de la cupidité.

Selon certains, *Aux champs* est de loin la nouvelle la plus réussie, mais surtout la plus cruelle de Maupassant.

RÉSUMÉ DE
LA NOUVELLE

Aux champs narre l'histoire de deux familles de paysans voisins vivant en Normandie : les Tuvache et les Vallin. Chacun des deux couples à quatre enfants d'âges environ équivalents. Les deux familles sont semblables en tout point de vue et passent la journée ensemble. Il arrive même que les parents ne distinguent qu'à peine leur progéniture de celle de leurs voisins.

Un après-midi du mois d'août, une voiture s'arrête devant les deux chaumières. M. et Mme d'Hubières, des bourgeois, en descendent. La jeune femme s'émerveille devant les enfants, surtout les plus petits. On comprend alors que le couple ne parvient pas à avoir d'enfant et que la femme en souhaite désespérément un.

Depuis ce jour, Mme d'Hubières repasse chaque après-midi et offre aux enfants des sous et des friandises. Un matin pourtant, elle revient accompagnée de son mari et entre directement chez les Tuvache sans s'arrêter auprès des enfants. Mme d'Hubières fait alors au couple une étrange proposition : elle souhaite adopter le plus jeune de leurs enfants. Mme Tuvache refuse d'emblée qu'on lui prenne son Charlot. M. d'Hubières précise que l'enfant pourra revoir ses parents et qu'il deviendra leur héritier. Il ajoute également qu'une rente sera versée mensuellement aux Tuvache, mais les parents sont furieux et refusent catégoriquement. Mme d'Hubières se met à pleurer telle une enfant gâtée.

Les d'Hubières se dirigent alors vers la seconde chaumière, chez les Vallin. La même proposition, plus assurée et avec plus de formes, leur est faite. Les Vallin hésitent un moment, mais finissent par accepter à condition que le montant de la rente soit revu à la hausse. Le couple bourgeois accepte sans aucune négociation. L'adoption ainsi que la rente sont notifiées le jour même en présence du maire et d'un autre voisin.

Pendant plusieurs années, personne n'a de nouvelle du

petit Jean Vallin. Les parents se rendent tous les mois chez le notaire pour toucher leur rente. La mère Tuvache s'est enorgueillie d'avoir été une bonne mère et ne pas avoir abandonné son fils pour de l'argent. Charlot commence lui aussi à se croire supérieur aux autres parce qu'on avait refusé de le vendre. Les deux maisonnées ne s'entendent plus depuis cet événement et les uns et les autres s'insultent copieusement.

Lorsque Charlot fête ses vingt et un ans, il est seul avec son père affaibli pour nourrir sa mère et ses deux sœurs cadettes. Un matin, une brillante voiture s'arrête devant chez les Vallin. C'est Jean. Il y entre comme chez lui et tous sont heureux de se retrouver. Les Vallin sont fiers de ce que leur fils est devenu, il est maintenant riche et instruit.

Le soir même, Charlot fait éclater sa jalousie au sein de son foyer. Voyant ce que sa vie aurait pu être si ses parents avaient accepté la proposition des d'Hubières, il décide de quitter le foyer familial dans lequel sa rancœur l'empêche de demeurer plus longtemps. Pendant que dans la masure d'à côté, les Vallin festoient autour de l'enfant revenu, Charlot claque la porte de chez lui en traitant ses parents de « manants ». Puis, il disparaît dans la nuit.

LES RAISONS
DU SUCCÈS

Lorsque Maupassant se met à écrire de façon effrénée à partir des années 1880, le mouvement romantique est sur le déclin. Les envolées lyriques des Musset et Lamartine ne sont plus ce ne que recherchent ni les lecteurs, ni les auteurs. *Les Misérables* ont déjà presque vingt ans. Victor Hugo – figure de proue du mouvement – mourra bientôt, en 1885, et emportera le romantisme avec lui.

Durant la deuxième moitié du XIXe siècle, ce sont les mouvements réaliste, naturaliste et symboliste qui prédominent chez les romanciers français. Guy de Maupassant s'inscrit très rapidement dans le réalisme. Dans la préface de son roman *Pierre et Jean* (1887), il explique rejeter le romantisme et « sa vision déformée, surhumaine et poétique » ainsi que les excès du symbolisme. L'auteur adhère à une vision objective du roman et recherche une sorte de réalisme dont il connaît par ailleurs les limites. Pour lui, le réalisme est « une vision personnelle du monde » que les auteurs cherchent à reproduire dans leurs œuvres. Il rejette ainsi à la fois un naturalisme trop abondamment documenté et encyclopédique tout autant qu'un réalisme total à la manière de Zola.

Ainsi, Guy de Maupassant s'inscrit pleinement dans la production littéraire de son temps. Admirateur de Balzac, dont il reprendra le nom d'un personnage pour écrire sous le pseudo de Maufrigneuse, il est également l'ami proche de Zola, Tourgueniev et de son mentor Flaubert et entretient des rapports d'inimitié avec les frères Goncourt. Il intègre les salons littéraires réalistes et naturalistes dès la publication de *Boule de Suif*. La nouvelle connaîtra un franc succès et Flaubert ira jusqu'à la qualifier de « chef d'œuvre qui restera ». Influencé également par les contes de Hoffman et Poe, Maupassant rédige quelques nouvelles à caractère fantastique.

La première publication d'*Aux champs* intervient pendant les belles années du mouvement réaliste et s'inscrit pleinement dans ce mouvement. Maupassant y décrit de façon la plus fidèle possible la vie de paysans au sein d'une campagne normande qu'il connaît si bien.

LES THÈMES PRINCIPAUX

La nouvelle *Aux champs* s'articule autour de nombreuses thématiques qui jalonnent l'œuvre de Guy de Maupassant. On y retrouve en premier lieu la Normandie, chère à l'auteur qui y a vécu une bonne partie de sa jeunesse. L'action en effet se déroule « dans une colline » non loin d'une « petite ville de bains » où la terre est « inféconde » et l'eau provient de « la station de Rolleport ». Maupassant y décrit également les habitants : d'abord, les paysans, puis le couple d'aristocrates (ou de bourgeois). Les familles de paysans sont décrites comme pratiquement identiques. La répétition du nombre deux dans les premiers paragraphes (« les deux chaumières », « les deux paysans », « les deux portes voisines », « les deux aînés », « les deux cadets », « les deux mères », etc.) accentue l'idée d'une paire indissociable.

Le thème central de la nouvelle demeure néanmoins un sujet très présent chez l'auteur, que l'on retrouve par exemple dans *Pierre et Jean*, c'est le thème de la famille et de l'enfant. Toute l'intrigue tourne en réalité autour de cette thématique. Dans la première partie du récit, les enfants des Tuvache et des Vallin sont décrits de façon impersonnelle, telle une masse informe parfois animalisée. Les « mioches » sont ainsi comparés à des oies auxquelles on donne « de la pâtée » et qu'on « empâte ». Le vocabulaire utilisé pour décrire les enfants est essentiellement péjoratif : « moutard », « marmaille », « produits », etc. Les parents – eux-mêmes indifférenciés en début de nouvelle – n'arrivent d'ailleurs pas toujours à distinguer leur progéniture de celle des voisins (« Les deux mères distinguaient à peine leurs produits dans le tas ; et les deux pères confondaient tout à fait »). La première fois que Mme d'Hubières parle des petits, elle décrit elle aussi comme « un tas d'enfants » qu'elle trouve si mignon à « grouiller dans la poussière ».

Puis, progressivement, les enfants sont de plus en plus

caractérisés et personnifiés. Mme d'Hubières parle ainsi du « plus petit » et s'intéresse plus particulièrement aux « deux derniers ». L'enfant est alors le seul dont le lecteur ait une brève description physique. Par la suite, les deux petits Tuvache et Vallin seront les seuls personnages à avoir un prénom identifié : Charles (Charlot) et Jean.

L'entrée des d'Hubières dans la vie des paysans est ainsi à l'origine d'une déchirure entre les deux familles. Les rapports entre les Tuvache et les Vallin sont déséquilibrés dès lors que ces derniers ont un enfant de moins. Et de l'argent en plus. Les familles ne sont plus présentées sur un pied d'égalité, comme une unique entité, mais sont désormais tout à fait distinctes. Cette rupture se matérialise également dans le texte où les noms de famille sont désormais systématiquement donnés pour caractériser les parents qui cessent alors d'être les « deux pères » et les « deux mères ».

Les deux mères – trois si l'on compte Mme d'Hubières – tiennent les rôles principaux de la nouvelle. Il s'agit là encore d'une thématique chère à Maupassant qui traite très souvent de la féminité et met en avant de nombreux personnages féminins dans ses œuvres (*La Parure*, *Une vie*, *Boule de Suif*). Très souvent, d'ailleurs, ces personnages féminins sont assez vivement critiqués. Ainsi, la mère Tuvache est décrite comme une femme orgueilleuse, fière de ne pas avoir vendu ni abandonné son fils (« j't'ai pas vendu, mon p'tiot. J'vends pas m's éfants, mé. J'sieus pas riche, mais vends pas m's éfants. » Mme d'Hubières, quant à elle, est montrée comme une femme affirmée (elle conduit elle-même la voiture), mais surtout comme une petite fille capricieuse, une enfant gâtée qui n'a pas l'habitude que quelque chose lui soit refusé. Elle pleure d'ailleurs à chaude larme lorsque les Tuvache déclinent sa proposition d'adoption. La troisième femme, la mère Vallin, est moins caractérisée que les deux précédentes. Elle est néanmoins présentée comme une femme opportuniste, puisque c'est elle qui parvient à faire monter le montant de la rente mensuelle versée par les d'Hubières. Ainsi les caractéristiques principales des personnages féminins sont majoritairement négatives puisque les femmes sont présentées comme orgueilleuses, capricieuses ou encore vénales. En revanche, les maris eux, sont décrits comme plus astucieux (c'est Monsieur d'Hubières qui fait la seconde proposition « avec plus d'insinuations, de précautions oratoires, d'astuce ») et mesuré (le père Tuvache ne « dit rien et réfléchit » là où sa femme est « furieuse » et le père Vallin estime que la proposition n'est « point méprisable » et s'enquiert des modalités légales).

Enfin, la chute illustre parfaitement le pessimisme et le cynisme de Guy de Maupassant : alors que l'on pourrait penser que la meilleure mère est celle qui a refusé d'abandonner son fils pour de l'argent, c'est pourtant cette dernière qui est pointée comme orgueilleuse et qui finit malgré tout par perdre son fils, sans possibilité de compensation financière cette fois. Mme d'Hubières, l'enfant gâtée et la mère Vallin qui a accepté de vendre son enfant – ce que l'ensemble des villageois réprouvaient et trouvaient immoral – se trouvent toutes les deux heureuses à la fin de la nouvelle. La morale délivrée par Guy de Maupassant dans ce texte est donc ambiguë et trouble. Est-il moral d'abandonner son enfant contre de l'argent pour lui offrir un avenir meilleur ? Est-il ingrat qu'un enfant reproche à ses parents de ne pas l'avoir vendu ? Peut-on être immoral et heureux ? Dans *Aux champs*, ce qui semble à tous être inacceptable s'avère en réalité préférable.

ÉTUDE DU MOUVEMENT LITTÉRAIRE

La nouvelle *Aux champs*, comme la majeure partie de l'œuvre de Guy de Maupassant, se rattache directement au mouvement du réalisme. En littérature, le mouvement réaliste est un courant qui cherche à décrire les hommes et leur vie tels qu'ils sont, de la manière la plus objective possible, sans les idéaliser. Les auteurs réalistes privilégient le récit de vies vécues, les personnages aux sentiments et destinées vraisemblables. Les descriptions tiennent ainsi une place importante dans leurs œuvres, celles-ci concernent en outre tous les aspects de la vie et non seulement les plus nobles.

Le réalisme apparaît en France dans les années 1830 en réaction au mouvement romantique qu'il récrie. Les écrivains réalistes souhaitent avant tout s'éloigner de l'idéalisme et du lyrisme romantique pour se rapprocher du « vrai », du réel. En effet, au XIXe siècle, les différentes révolutions industrielles et sociales recentrent l'intérêt des écrivains sur la société et non plus l'individu ou le « moi ». L'idéalisme est désormais jugé comme excessif et les artistes réalistes lui préfèrent largement le cynisme et la description objective du monde.

Les thématiques abordées par le réalisme sont multiples, mais souvent liées entre elles. La plupart des œuvres réalistes sont des romans d'apprentissage mettant en avant un jeune héros ambitieux. L'intrigue liée au héros tiendra donc à la fois de l'histoire d'amour et de l'ascension sociale, réussie ou non. La réussite, la déchéance et les conflits familiaux se trouvent au cœur du récit. L'argent est également une thématique importante. Dans une société en pleine mutation économique et politique, les sujets de la finance, du prolétariat et de la vie paysanne sont très souvent abordés par les auteurs réalistes. Hommes et femmes dans ces romans ne sont pas décrits comme idéaux, mais comme imparfaits, tels qu'ils le sont réellement.

Les auteurs réalistes, pour mener à bien leurs ambitieux, ont tendance à beaucoup se documenter afin de rendre leurs récits plus crédibles, plus vraisemblables. C'est ainsi que certains écrivains réalistes se revendiquent finalement « naturaliste ». Dans ce mouvement, les artistes souhaitent appliquer la méthode scientifique à la littérature. La société et la nature doivent alors être décrites de manière objective, précise et avec la plus grande exactitude possible. Le réalisme et le naturalisme ne sont pas indissociables puisque le mouvement naturaliste n'est finalement qu'une sorte de réalisme poussé à l'extrême où la rigueur et la précision scientifiques doivent guider le processus d'écriture.

DANS LA MÊME COLLECTION
(par ordre alphabétique)

- **Anonyme**, *La Farce de Maître Pathelin*
- **Anouilh**, *Antigone*
- **Aragon**, *Aurélien*
- **Aragon**, *Le Paysan de Paris*
- **Austen**, *Raison et Sentiments*
- **Balzac**, *Illusions perdues*
- **Balzac**, *La Femme de trente ans*
- **Balzac**, *Le Colonel Chabert*
- **Balzac**, *Le Lys dans la vallée*
- **Balzac**, *Le Père Goriot*
- **Barbey d'Aurevilly**, *L'Ensorcelée*
- **Barbey d'Aurevilly**, *Les Diaboliques*
- **Bataille**, *Ma mère*
- **Baudelaire**, *Les Fleurs du Mal*
- **Baudelaire**, *Petits poèmes en prose*
- **Beaumarchais**, *Le Barbier de Séville*
- **Beaumarchais**, *Le Mariage de Figaro*
- **Beauvoir**, *Mémoires d'une jeune fille rangée*
- **Beckett**, *Fin de partie*
- **Brecht**, *La Noce*
- **Brecht**, *La Résistible ascension d'Arturo Ui*
- **Brecht**, *Mère Courage et ses enfants*
- **Breton**, *Nadja*
- **Brontë**, *Jane Eyre*
- **Camus**, *L'Étranger*
- **Carroll**, *Alice au pays des merveilles*
- **Céline**, *Mort à crédit*
- **Céline**, *Voyage au bout de la nuit*

- **Chateaubriand**, *Atala*
- **Chateaubriand**, *René*
- **Chrétien de Troyes**, *Perceval*
- **Cocteau**, *Les Enfants terribles*
- **Colette**, *Le Blé en herbe*
- **Corneille**, *Le Cid*
- **Crébillon fils**, *Les Égarements du cœur et de l'esprit*
- **Defoe**, *Robinson Crusoé*
- **Dickens**, *Oliver Twist*
- **Du Bellay**, *Les Regrets*
- **Dumas**, *Henri III et sa cour*
- **Duras**, *L'Amant*
- **Duras**, *La Pluie d'été*
- **Duras**, *Un barrage contre le Pacifique*
- **Flaubert**, *Bouvard et Pécuchet*
- **Flaubert**, *L'Éducation sentimentale*
- **Flaubert**, *Madame Bovary*
- **Flaubert**, *Salammbô*
- **Gary**, *La Vie devant soi*
- **Giraudoux**, *Électre*
- **Giraudoux**, *La Guerre de Troie n'aura pas lieu*
- **Gogol**, *Le Mariage*
- **Homère**, *L'Odyssée*
- **Hugo**, *Hernani*
- **Hugo**, *Les Misérables*
- **Hugo**, *Notre-Dame de Paris*
- **Huxley**, *Le Meilleur des mondes*
- **Jaccottet**, *À la lumière d'hiver*
- **James**, *Une vie à Londres*
- **Jarry**, *Ubu roi*
- **Kafka**, *La Métamorphose*
- **Kerouac**, *Sur la route*
- **Kessel**, *Le Lion*

- **La Fayette**, *La Princesse de Clèves*
- **Le Clézio**, *Mondo et autres histoires*
- **Levi**, *Si c'est un homme*
- **London**, *Croc-Blanc*
- **London**, *L'Appel de la forêt*
- **Maupassant**, *Boule de suif*
- **Maupassant**, *Le Horla*
- **Maupassant**, *Une vie*
- **Molière**, *Amphitryon*
- **Molière**, *Dom Juan*
- **Molière**, *L'Avare*
- **Molière**, *Le Malade imaginaire*
- **Molière**, *Le Tartuffe*
- **Molière**, *Les Fourberies de Scapin*
- **Musset**, *Les Caprices de Marianne*
- **Musset**, *Lorenzaccio*
- **Musset**, *On ne badine pas avec l'amour*
- **Perec**, *La Disparition*
- **Perec**, *Les Choses*
- **Perrault**, *Contes*
- **Prévert**, *Paroles*
- **Prévost**, *Manon Lescaut*
- **Proust**, *À l'ombre des jeunes filles en fleurs*
- **Proust**, *Albertine disparue*
- **Proust**, *Du côté de chez Swann*
- **Proust**, *Le Côté de Guermantes*
- **Proust**, *Le Temps retrouvé*
- **Proust**, *Sodome et Gomorrhe*
- **Proust**, *Un amour de Swann*
- **Queneau**, *Exercices de style*
- **Quignard**, *Tous les matins du monde*
- **Rabelais**, *Gargantua*
- **Rabelais**, *Pantagruel*

- **Racine**, *Andromaque*
- **Racine**, *Bérénice*
- **Racine**, *Britannicus*
- **Racine**, *Phèdre*
- **Renard**, *Poil de carotte*
- **Rimbaud**, *Une saison en enfer*
- **Sagan**, *Bonjour tristesse*
- **Saint-Exupéry**, *Le Petit Prince*
- **Sarraute**, *Enfance*
- **Sarraute**, *Tropismes*
- **Sartre**, *Huis clos*
- **Sartre**, *La Nausée*
- **Senghor**, *La Belle histoire de Leuk-le-lièvre*
- **Shakespeare**, *Roméo et Juliette*
- **Steinbeck**, *Les Raisins de la colère*
- **Stendhal**, *La Chartreuse de Parme*
- **Stendhal**, *Le Rouge et le Noir*
- **Verlaine**, *Romances sans paroles*
- **Verne**, *Une ville flottante*
- **Verne**, *Voyage au centre de la Terre*
- **Vian**, *L'Arrache-cœur*
- **Vian**, *L'Écume des jours*
- **Voltaire**, *Candide*
- **Voltaire**, *Micromégas*
- **Zola**, *Au Bonheur des Dames*
- **Zola**, *Germinal*
- **Zola**, *L'Argent*
- **Zola**, *L'Assommoir*
- **Zola**, *La Bête humaine*
- **Zola**, *Nana*
- **Zola**, *Pot-Bouille*